RELATION

DV VOYAGE

FAIT A ROME

PAR MONSIEVR LE DVC

DE BVILLON,

Prince Souuerain de Sedan & de Raucourt, Vicomte de Turenne, &c. L'Année mil six cens quarante quatre.

RELATION DV VOYAGE
fait à Rome par Monsieur le Duc de Büillon, Prince Souuerain de Sedan, & de Raucourt, Vicomte de Turenne, &c. L'Année mil six cens quarante quatre.

E Voyage est d'autant plus considerable, qu'il a esté fait par vn Prince des plus Illustres de l'Europe, si l'on a esgard à sa naissance & aux merites de sa personne: trois mois ont esté employez par son Altesse dans le chemin de Rome, & trois ans dans le sejour de l'Italie; le motif en a esté pieux & glorieux tout ensemble, puisque les Voyages estans ordinairement entrepris, ou par curiosité, ou par necessité d'affaires, celuy-cy a eu pour but, l'obeyssance au Sainct Siege, & le commandement des Ar-

mées du Pape Vrbain VIII. qui vou-
lut honorer les merites de ce Prince
par la charge de son Generalissime
en tout l'Estat Ecclesiastique. Sa
Saincteté faisoit pour lors la guerre
à quelques Princes d'Italie : le commencement en estoit venu pour
quelques rentes que le Duc de Parme deuoit à la Chambre Apostolique
en suitte des sommes qu'il auoit pri-
ses sur diuers Monts de Pieté dans
Rome, lors qu'il eut a desmesler
auecque le Roy d'Espagne : la Châ-
bre luy ayant fait saisir son Duché
de Castro, particulierement hipote-
qué pour ces sommes, le Duc arma
dans le dessein d'empescher la sai-
sie, & le Pape n'ayant pû par douceur
obliger ce Prince à la sousmission. Sa
Saincteté se s'entit obligée d'armer;
cét armement ne fut pas sans jalou-
sie des Venitiens, des Ducs de Tos-
cane, & de Modene, qui suiuant leurs
maximes se liguerent auec le Duc de
Parme contre le Pape, pour empescher l'accroissement d'vn grand
Estat leur voisin, par la conseruatiõ

d'vn autre moins puiſſant. Sa Saincteté voyant le peu de progrez de ſes
armes, quoy que bien conſiderable
par le nombre de ſes troupes, trouua
bon de leur donner Monſieur leDuc
de Büillon pour Generaliſſime.

Son Alteſſe partit pour cét effet
de *Turene* le 21. de Mars de l'année
1644. en compagnie de Madame la
Ducheſſe ſa femme, & de Meſſieurs
ſes enfans Monſieur le Prince de
Boüillon, Monſieur le Prince de Sedan, aujourd'huy Comte d'Auuergne & Madamoiſelle de la Tour. De
Turene elle fut en diuers iours à *Creſt*
petite ville d'Auuergne, non loing
de l'Allier, qui forme la belle &
agreable Prouince de Limaigne. En
ce lieu Madame receut le memoire
de la route qu'elle deuoit tenir, & le
27. du meſme mois Monſieur le Duc
prit celle du *Puy*, ou il y auoit pour
lors grand' deuotion, à cauſe que la
feſte de l'Annonciation de N. Dame
ſe rencontroit le iour du Vendredy
Sainct: il paſſa la Loire ſur le pont
de la *Voulte*, d'où il fut à *Iſſignaux* : il

descendit la montagne qui sert de bornes au Forez au Vellay & au Viuarais, & qui joint le mont de Pilate vers le Septentrion, comme elle fait vers le Midy ceux de *Mesenc* & de *Gerbier de Iou* qui donnent commencement à la Loire le plus grand fleuue de la France : toutes ces montagnes semblent faire partie des *Ceuennes* qui ont autrefois diuisé les Gaules Narbonoise & Celtique. De là il passa le Rosne *au port de Champagne*, entre Andance & Serrieres, puis, il se rendit à *la Tour du Pin* en Dauphiné : à *S. Genis d'Hoste*, & a *Yenne*, ces deux dernieres places au Duc de Sauoye en la petite Prouince de Bugey dont la partie qui est au Couchant du Rhosne appartient aujourd'huy à la France depuis l'echange de la Bresse par le Marquisat de Salusses. Le 31. de Mars Monsieur le Duc de Büillon fut à *Geneue* où il coucha inconnu. Le 1. d'Auril à *Nyon* petite ville du Canton de Berne proche du Lac de Geneue. Pendant le seiour qu'il fit en cette petite ville il

enuoya

enuoya son guide à Madame, qui estoit pour lors à la Tour du Pin, d'où elle se rendit à Nyon deux iours apres. De Nyon il futà *Fribourg* à *Berne* & à *Luecrne*; où il fut receu & visité par les Magistrats qui le traitterent d'Altesse. Apres auoir sejourné huit iours dans Lucerne, & receu visite du Nonce du Pape, il en partit le 28. d'Auril & apres auoir passé le Lac, il logea le 29. à *Altorf* principal Bourg du Canton d'Vri, celuy qui des premiers secoüa le ioug de la maison d'Austriche. A la sortie d'Altorf il commença de monter le *M ont S. Gothard*, qui fait partie des Alpes & qui est estimé vn des plus haults de l'Europe, puisque de grandes riuieres y ont leur source le *Russ*, le *Rhosne* & le *Tesin*; le *Rhin*, mesmes n'en est pas bien eloigné, le Crispaltberg montagne voisine luy donnent commencement: chacune de ces quatre riuieres va vers l'vne des quatre Regions du monde, Le *Tesin* va vers le *Tesin*

Ce

midy, & apres auoir trauersé le Lac
Majeur, il passe à Pauie au dessous
de laquelle il se rend dans le Pô. Le
trentiéme il coucha à *Vrselin* : Madame y arriua heureusement apres
auoir veu tuer le mulet de deuant
la litiere où elle estoit auecque
Messieurs ses enfans, par vn quar-
tier de Roc détaché de la montagne dans vn chemin fort estroit, sur
le bord du precipice qu'ils appellent
d'Enfer. On retira Madame, les
petits Princes & la Princesse par vn
trou que l'on fit dans la nege, n'e-
stant pas possible de les secourir du
costé du mulet mort, ny du costé de
celuy de derriere qui heureusement
s'estoit arresté tout court. Le premier de May il se rendit au haut de
la montagne sur des traisneaux me-
nez par des bœufs & fut coucher au
pied d'icelle. Le 2. à *Bellinzone* petite
ville d'Italie sur le Tesin, des ap-
partenances des trois premiers Cantons des Suisses, Vri, Suuitz & Vn-
dervalden. Le 3. il fut à *Logan*, si-

tuée sur vn Lac de mesme nom, ca-
pitale d'vn des quatre Bailliages d'I-
talie qui appartiennent aux douze
premiers cantons des Suisses. Il laissa
sur la droite le Lac Maieur proche
duquel est assize la ville de *Locarne ,* Locarno
dans vne belle plaine, où les habi-
tans ont la commodité de recueillir
grande abondance de foin, & ce que
les Suisses estiment encor plus, vn
excellent vignoble ; les vignes y sont
liées par le haut, ou a des ormeaux,
ou a des eschallas pour laisser croi-
stre au dessous le foin & les legumes :
le Chasteau de Locarné a esté ruyné
l'an 1513. le seul Palais est demeuré
en son entier : La force de ce Chasteau a esté si considerable que pour
l'assaillir on a cy deuant eu besoin de
quinze mille Suisses : les François ont
esté maistres de la ville de Locarne
treize ans entiers, sans pouuoir se
rendre maistres de ce Chasteau pour
lors aux Comtes de Rusque : ceux
de Locarne & des autres vallées voi-
sines enuoyent en beaucoup d'Estats
Cc ij

d’Italie à la faueur du Tesin, des troncs, des poutres, des soliues, des planches & toutes sortes de bois en radeaux.

Monsieur le Duc attendit à Lugan les passe-ports necessaires pour se rendre à *Milan* où il arriua le 7. de May, en sa consideration le Cardinal Monti Archeuesque de la ville fit voir à découuert le corps de S. Charles Borromée que l’on montre bien rarement, l’Eglise où il repose est estimée la plus grande d’Italie apres celle de S. Pierre de Rome. Il fut souper à la Chartreuse de Pauie; Le 8. à *Pauie*, le 9. à *Tortone*, le 10. à *Serraual* derniere ville du Duché de *Milan* & à *Ottagio* ville de la Republique de Genes. Le 11. il passa l’*Appennin* en littiere & trouua au pied de la Montagne les Carosses que luy auoit enuoyé le Cardinal Grimaldi; il fut loger à *S. Pierre d’Arena* faux-bourg de *Genes* où il sejourna vn mois entier, bien que le Pape y eut enuoié trois Galeres sous le Marquis Raggi son General des Galeres, quivisita son Altesse. Le mauuais têps semble auoir esté cause de ce long sejour qui donna moyen de voir tout *Genes.* ce qui est de plus beau dans Genes, & sur tout ses fortifications nouuelles. Les Princes d'Italie liguez contre le Pape, n'auoient pas voulu escouter les propositions de paix faites par le Cardinal Bichy, au nom du Roy Tres-Chrestien, ils se preualoient du peu de vie qui restoit à Sa Saincteté : ils esperoient de se recompenser pensant le Siege vacant des frais qu'ils auoient faits, & qu'vn nouueau Pape ne seroit pas d'humeur à continuer la guerre; que peut estre il seroit d'vne faction contraire aux Barberins leurs ennemis : l'arriuée de Monsieur le Duc de Büillon les fit changer de resolution & connoissans qu'ils auroient desormais affaire à l'vn des plus grands Capitaines de l'Europe, ils crurent à propos de deferer entierement à la mediation de sa Majesté Tres-Chrestienne & de conclurre la paix dont les articles furent tout à fait à l'auantage

du Pape mourant.   Le 9. Iuin il partit de Genes ſur les trois galeres du
Pape qui le furent prendre à la lan-
terne auec des ſaluës de toute leur
artillerie, il mõta ſur la Capitane, où
il trouua la Chambre de Poupe ſu-
perbement garnie.   Pendant huict
iours de temps qu'il demeura ſur
mer, il fut ſplendidement traité aux
Ligour- deſpens du Pape.   Il fut en ſuitte à
ne. *Ligourne* où les galeres de Sa Sainteté
n'auoient pas entrées depuis le commencement de la guerre, il y fut ſa-
lué de toute l'artillerie du port & de
la ville ; viſité de la part du grand
Duc, par le Gouuerneur qui luy fit
voir ſa place fortifiée depuis peu
d'auſſi belles & d'auſſi regulie-
res fortifications qu'il y ait en la
Chreſtienté : le preſent qui luy fut
fait, marqua l'eſtime que le grand
Duc faiſoit de ſa perſonne.

Le matin du 12. le Marquis Raggi
ayant fait leuer l'ancre, on fut obligé de retourner dans le port, à cauſe de l'incommodité de Madame &
de Meſſieurs ſes enfans, çauſée par

vn trop grand vent. Le 13. on en sor-
tit & on fut moüiller dans le *Porto
Ferraio* en *l'Isle d'Elbe* ou est la belle & *Isle
d'Elbe.*
forte ville de *Cosmopoli* defenduë de *Cosmopoli.*
trois puissantes forteresses, la *Stella,*
Falcone, & *Linguella.* L'Isle a beaucoup
de mines de fer, d'aimant, d'estain, de
plomb, de souffre & de vitriol & de
fort beau marbre : vne fontaine y est
merueilleuse, augmentant ou dimi-
nuant selon l'accroissement ou le de-
croissement des iours. Le 14. on sejourna dans le *Porto Ferraro* depuis
les sept heures du matin. Le 15. on
fut obligé d'entrer dans le *Porto-* *Porto-
Longon*
Longon, en la mesme Isle des depen-
dances de la Principauté de *Piombin*
en protection d'Espagne. Cette Isle
estoit autrefois toute aux Princes de
Piombin, mais leur peu de force a
esté cause que le Grand Duc y a fait
bastir Cosmopoli, & que les Espa-
gnols ont tenu garnison dans Porto-
Longon pour la deffendre. Les fortifications de cette place consistent
en cinq bastiõs sur le roc, & plusieurs

Cc iiij

demy-lunes & en quelques tenailles
& ouurages à cornes, elle s'asseurent
le port & fauorisent le passage des
vaisseaux entre l'Italie & l'Isle d'Elbe. Monsieur le Duc de Büillon y fut
à la chasse & sur le soir le Marquis
Raggi fit sortir les galeres du port
d'où sans plus moüiller l'ancre elles
arriuerent à *Ciuita Vecchia*, seiour des
Ciuita Vecchia. Galeres de l'Estat Ecclesiastique, ou
l'on fit vne salue generale de toute
l'artillerie, tant de mer que de terre. Le Duc fut logé dans le Chasteau
& gardé par les Gardes du Pape. Sa
Saincteté l'enuoya querir dans les
carrosses du Cardinal Nepueu, qui
furent relayées trois fois iusqu'à
Rome. Rome, ou son Altesse arriua sur le
soir le 18. de ce mois de Iuin: elle fut
logée dans le Palais de la Chancele-
rie l'vn des plus beaux de Rome, &
receuë par le Cardinal Barberin, les
honneurs que l'on rendit à ce Duc
furent aussi grands qu'il eut pû sou-
haitter: nonobstant quelques diffi-
cultez, il fut tousiours traité d'Al-

teſſe par le Pape & par les Cardinaux
qui ne donnent ce titre qu'aux Souuerains, aux fils de Souuerains, &
aux Princes du Sang de France &
d'Auſtriche. Il fut introduit à l'Au-
dience du Pape le 18. Iuillet.

***

De Rome à Senigaglia, l'an 1644.

CEtte année 1644. fut la derniere
de la vie & du Pontificat d'Vrbain VIII. de la maiſon des Barberins, qui mourut le 29. de Iuillet,
aagé de 76. ans, & quelques mois
apres auoir gouuerné l'Egliſe pendant 21. an, il eut pour ſucceſſeur Innocent X. de la maiſon des Pamphi-
lio, eleu le 15. de Septembre. Les
Barberins furent en quelque façon
perſecutez apres la mort de leur
oncle, mais ils firent leur accord
l'année 1647. pendant ce temps Mõ-
ſieur le Duc de Büillon ne demeura
pas inutile, il partit de Rome le 28.
de Iuillet pour aller exercer ſa char-

ge de Generaliſſime en l'armé de Bologne, il preſta pour cét effet le ſerment entre les mains du Cardinal Antoine Barberin, comme Camerlingue de l'Egliſe, c'eſt ce qui donna beaucoup d'ombrage aux Eſpagnols qui voyoient vn General François à la teſte de l'armée Eccleſiaſtique pendant vn ſiege vacant, il ſe rendit à *Otricoli*, à *Narni*, à *Terni*, à *Spolete*, à *Foligni*, à *Macerata*, à *Lorete*, à *Ancone* & à *Senigaglia*, où il s'ejourna iuſqu'au 25. de Septembre de la meſme année, on prit les armes en toutes les villes, ou paſſa ſon Alteſſe pour luy rendre honneur; les Gouuerneurs luy allèrent au deuant, & prirent ſes ordres, la traitans auec tous les honneurs qu'ils eſtoient obligez de rendre à vn general, & à vn Prince dont la ſeule reputation leur auoit donné la paix. Cette marche allarma les Princes confederés, & en meſme temps les Eſpagnols, qui ſouhaittoient abſolument l'éloignement d'vn tel Capitaine. Pour contenter

les vns & les autres la Congregation
donna ordre à fon Alteffe de s'arre-
fter à Senigaglia , également diftant
de Rome & de la frontiere. Les Ef-
pagnols euffent volontiers attiré ce
Prince à leur party , & les Princes
d'Italie auoient vnanimement ietté
les yeux fur fa perfonne, pour en faire leur General , lors que le Turc
par fon grand armement menaçoit
& Malthe & l'Italie tout enfemble,
mais fa prefence eftoit deformais
neceffaire à la France.

De Rome à *Venize* l'an *1646*.

VN autre Voyage fut fait à Lorete & à Venize par Monfieur le
Duc de Büillon. Il partit de *Rome* le
10. de Septembre l'année 1646. & fut
à *Lorette* en compagnie de Madame
la Ducheffe & de Meffieurs fes enfans , de Lorette on fuiuit *la Mer*
Adriatique, on paffa à *Senigaglia*, à *Fano*
à *Belogne*, & à *Ferrare*, où l'on s'embar-

qua fur l'vn des bras du Pô, d'où l'on
entra dans vn canal qui a des efclu-
fes aſſez ſemblables à celles de Bria-
re, qui communiquent la Loire, auec
que la Seine.   De là on ſe rendit à
Veniz̧e.

De Rome à Maringues en Auuer-
gne, l'an 1647.

LA recommandation du Roy en
faueur du Duc de Büillon fut ſi
puiſſante enuers le Pape Innocent
X. que ce Prince fut receu à l'au-
diance de Sa Sainĉteté le 17 de May
1647. & traité d'Alteſſe, nonobſtant
les oppoſitions des Eſpagnols: Outre
ces grands honneurs le Pape le re-
connut & les ieunes Princes ſes enfans de toutes les conceſſions auan-
tageuſes qu'il eut pû eſperer de l'E-
gliſe pour le ſeruice, de laquelle il
auoit fait vn ſi long Voyage.   Il partit de *Rome* le 15. May, il paſſa à *Viter-*
be, à *Siene*, & à *Piſe* : il ſe rendit en

suitte à *Lerice*, ou Messieurs de la
Republique de Genes luy auoient
enuoyé vne Galere, dont la Chior-
me auoit esté choisie parmy celle des
autres : il trouua à *Genes* trois galeres
du Roy qui auoient ordre de l'atten-
dre & de le seruir en son passage, il
passa à *Marseille* sur ces trois Galeres,
sans moüiller ailleurs qu'à *Monaco.*
De Marseille il fut à la *Saincte Baume,*
à *Aix*, à *Orange*, où il visita les fortifications, il fut receu en tous ces lieux
auec les honneurs que peut esperer
vn Prince de sa naissance & de son
merite : d'Orange le long du Rhosne
à *Montelimart*, à *Valence*, à *Romans*, à
Thain, à *Vienne*, à *Lyon*, à *Roanne*, à *Marin-*
gues, où il prit la poste pour se rendre
aupres du Roy, qui pour lors estoit à
Amiens.

Monsieur le Duc de Büillon ves-
cut seulement cinq ans apres son re-
tour d'Italie : tout ce téps ayant esté
plein de mouuemens qui s'eleuerent
en plusieurs endroits du Royaume,
il contribua beaucoup par ses bons

conseils au restablissement de l'au-
thorité Royale. Il deceda à Pontoi-
se, où estoit lors sa Majesté , le neu-
fiéme d'Aoust de l'année 1652. il s'ap-
pelloit Federic-Maurice de la Tour
d'Auuergne. Il estoit descendu tant
du costé paternel que maternel des
anciens Comtes Hereditaires d'Auuergne, & de Bologne, qui sont men-
tionez dans l'histoire dés l'an 828. &
qui se sont qualifiez par la grace de
Dieu, Princes & Comtes d'Auuergne & Ducs d'Aquitaine, & qui ont
esté aussi considerables en France,
que les Comtes d'Alsace predecef-
seurs des Ducs de Lorraine, en Ale-
magne, & que les Ducs de Sauoye
& de Mantouë en Italie. Il estoit
plusieurs fois allié à la maison de
France & parent du Roy par la li-
gne des femmes, à cause de la maison d'Albret fonduë en cell de Na-
uarre. Les autres Alliances de sa
maison, ont pareillement esté faites
auec ce qui est de plus noble en la
Chrestienté. Il a esté reconnu pour

Prince Souuerain par le Pape Vrbain VIII par Innocent X par l'Empereur Ferdinand III. & par le Roy;
ses predecesseurs ont pareillement
esté Princes Souuerains. Dans les
diettes Imperiales, les Ducs de Büillon ont tenu rang parmy les Ducs
des plus anciennes & des plus Illustres familles de l'Europe, & les
Princes de Sedan ont eu leur seance
auecque les plus considerables Princes Souuerains & libres de l'Empire.
Ils se trouuent aussi compris dans les
Traittez de Paix & de Treue, qui
ont esté faits entre les Maisons de
France & d'Austriche, & nos Roys
en diuers actes publics & en plusieurs Traittez particuliers, les ont
reconnus Souuerains & libres. Charles VIII. François II. Henry IV. &
Loüis XIII. les ont protegé. Il y a
trois branches de la maison de la
Tour; celle de la Tour d'Auuergne, celle de la Tour du Pin, & celle
de la Tour d'Oliergues ou de Büillon. Philippe Auguste donna aux

Princes de cette maiſon qui por-
toient de gueule à la Tour d'argent
le Champ de France, qui eſt d'azur
ſemé de Fleur de Lys d'or, en conſi-
deration des ſeruices par eux ren-
dus dans le voyage de la Terre Saincte.

Quand à ce qui eſt de la terre de
Turene, elle depend de la Cou-
ronne de France, par vn ſeul hom-
mage de fidelité.

Noſtre Duc eſpouſa Leonor-Ca-
therine-Febronie Comteſſe de Berg
fille de Federic Comte de Berg ſur
le Zoom, iſſu & chef de la maiſon
de Vaſſenate, qui tire ſon origine
par maſles des anciens Roys de
Friſe.

La ceremonie du mariage ſe fit à
Boxmeer ſur la Meuſe le premier
Feurier mil ſix cens trente quatre,
il a laiſſé cinq fils & cinq filles, dont
voicy le dénombrement, ſuiuant le
temps de leur naiſſance.

Sçauoir.

SCAVOIR.

ISABELLE, dite Mademoiselle de la Tour, née à Maſtric le vnzié-me May mil ſix cens trente-cinq.

… Fils, né l'an mil ſix cens trente-ſix, ne veſcut que ſix mois.

LOVISE, dite Mademoiselle d'Auuergne, née à Sedan mil ſix cens trente-huict.

AMELIE, dite Mademoiselle d'Albret, née à Maſtric mil ſix cens quarante.

GODEFROY FRANÇOIS, Duc de Büillon, nommé Federic Mauri-ce, en confirmation né à Sedan le vingt-vniéme Iuin mil ſix cens qua-rante-vn.

FEDERIC-MAVRICE Comte d'Auuergne, né à Lauquais en Pe-

Dd

rigort le quinziéme Ianuier mil six cens quarante-deux.

THEODOSE-EMANVEL, Duc d'Albret né à Turene le vingt-quatriéme Aoust mil six cens quarante-trois.

HIPOLITE, dite Mademoiselle de Chasteau-Thierry, née à Rome le vnziéme Feurier mil six cens quarante-cinq.

CONSTANTIN-IGNACE, Duc de Chasteau-Thierry, né à Rome le dixiéme Mars mil six cens quarante-six.

... Fils, né & mort à Rome le dix-septiéme Feurier mil six cens quarante-sept.

... Comte d'Eureux, né à Paris le deuxiéme Feurier mil six cens cinquante. Madame estant detenuë en son Hostel du Marez.

.... Mademoiselle d'Eureux, née
à Paris le douziéme Auril mil six cens
cinquante-deux.

Outre cinq Princes & autant de
Princesses, Monsieur le Duc de Büillon nous a laissé Monsieur son frere
le Vicomte de Turenne, veritable
heritier de sa valeur & de sa conduit-
te: les marques destime & de bien-
veillance, dont le Roy a reconnu ses
grands seruices, nous sont des puis-
sans tesmoignages de ses gene-
reuses actions. Ce Prince à l'honneur de se trouuer presque toutes les
campagnes à la teste de la principale
armée Royale, & sans contredit on
luy donne rang parmy les plus
grands Capitaines du monde.

Monsieur le Duc de Büillon commença le mestier de la guerre sous
Monsieur le Prince d'Orange son
oncle: Ses beaux exploits au siege de
Mastric luy en firent auoir le gou-
uernement apres sa prise, par les
Estats Generaux des Prouinces
vnies, il la defendit auec autant de

valeur que d'experience contre
deux puiſſantes armées , l'vne im-
periale & l'autre Eſpagnole, témoi-
gnant ſa conduite par la conſerua-
tion de ſa place, par celle des habi-
tans & par celle de ſes voiſins : il fa-
uoriſa la defaite des Eſpagnols ſous
le Prince Thomas, au moyen de ſes
bons aduis : en la retraite de Louuain
il commanda toute la Caualerie des
deux armées Françoiſe & Holandoi-
ſe, & il en fut vn des principaux côn-
ſeruateurs. Quelques mécontẽ-
temens l'ayant obligé de s'appuyer
du ſecours de l'Empereur, le Roy iu-
gea à propos de le retirer à ſon ſeruice & de luy confier ſon armée d'I-
talie, auecque laquelle il n'auança
pas peu les affaires de ſa Majeſté. De
nouuelles broüilleries eſtans ſuruẽ-
nuës en Cour , il fut arreſté dans Ca-
zal, & obeïſſant aux volontez du Roy,
il conſentit que ſa Majeſté mit gar-
niſon dans Sedan pour la conſerua-
tion des frontieres du Royaume.
Quelques années apres il fut en Ita-

lie commander les armées du Pape,
comme nous auons dit cy deſſus, &
l'an 1651. il fit l'échange de ſa Principauté de Sedan, dont le Traité auoit
eſté commencé des l'an 1642. par ce
Traité il cede au Roy la Principauté de Sedan & de Raucourt, la partie
du Duché de Büillon, dont il joüiſ-
ſoit, le droit demeurant touſiours à
ſon Alteſſe ſur la ville & le Chaſteau
de Büillon, qui ſe trouuent entre les
mains de l'Eueſque de Liege & ſur
quelques autres terres occupées par
le Roy d'Eſpagne.

Sa Majeſté luy cede à joüyr des le
premier iour de Ianuier 1651.

LA Duché & Pairie d'Albret en
Gaſcogne.
La Baronie de Durance en Baza-
dois.
Nogaro, Barcelone, Rizolles,
Plaiſance, & Daignon, dans le bas Ar-
magnac.
La Duché & Pairie de Chaſteau-

Thierry, ou se trouuent Chasteau Thierry, Espernay, & Chastillon sur Seine.

Le Comté d'Auuergne, hors Clermont-Ferrand & Lezoux.

La Baronie de la Tour.

Le Comté d'Eureux en Normandie, auec les Vicomtez de Conches, de Breteüil &de Beaumont le Roger,

Le Domaine de Poissi sur Seine, auec Saincte Iames,

Le Comté de Beaumont en Perigort, auec ses annexes, Faux, Monts, & Bannes.

La Chastelenie de Gambais dans le Comté de Mont-fort Lamauri.

FIN.